JN439818

파랑새는 떠났다

이희국 시집

문학의전당 시인선
0319

파랑새는 떠났다

이희국 시집

문학의전당

시인의 말

세 번째 언덕에 올랐다.

간이역을 지나고
다리를 건너온 길

별과 바람
사물의 속삭임에
눈, 귀를 열게 해주신
모든 분들께 감사를 드린다.

주름진 시간도 고마웠던 한때

길은 멀었지만
지나고 보니 가까웠다.

2020년 3월
이희국

차례

제2부

제3부

제1부

자두

어느 여인의 볼이 이리 붉으랴

터질 듯 달게 익어도
무르도록 손에
쥐고만 있다

눈빛만 간절히 나누다가
말 한마디 섞지 못한

그녀와의 그날처럼

손에 잡힌
자두의 심장이 떨고 있다

틈새

비집고 들어갈 수 있다는 말은
아직도 기회가 있다는 말

단단해 보이는 벽도 천천히 녹아들다 보면
온통 적실 수 있다는 말

봄이 온다는 것은
한 줌의 입김들이 모여
두터운 얼음벽을 녹였다는 것

세상이 온통 어둡고
숨이 막힐 듯 바람이 세차도
저 가냘픈 잡풀은 바위를 뚫고 피어난다

바위 밑에 깔린 풀 하나
돌멩이를 치우니
허리 휜 잡초가 튀어나왔다

틈새가 사라지니

이제 막 봄이 도착했다

그때 번개가 지나갔다

강풍이 불고
번개가 빗금을 그으며 지나갔다

꼿꼿하던 해바라기가 목을 꺾었다
검은 허공이 우레와 함께 또 한 번 빗금을 쳤다
그 소리가 내 정수리를 적셨다

창문까지 흔들며 뒤쫓아 오는 천둥소리에
그림자 뒤로 숨겨놓은 기억을 꺼내본다
지은 죄가 몇 가지나 되는지

길을 가다가 개미를 밟은 적이 있었다
밟지 않을 수도 있었다
어느 날 나뭇가지를 무심코 꺾은 적이 있었다
그 나무는 어쩔 수 없이 새순을 내밀었지만
애초에 그가 원하던 방향이 아니었다
누군가의 비밀을 길에 흘리기도 하였다

그것들을 까맣게 잊고 살았다
또 한 번 번쩍, 이실직고하라고 죽비를 친다

창밖의 나무는 지은 죄가 없는지
태연히 비를 맞고 있다

잘려진 꿈

공원 벤치에 그늘을 만들며
줄기차게 기어오르던 속도가 정지되었다

그토록 숭배하던 하늘을 향해
지붕으로 오르고
삽시간에 지붕을 넘어
전선까지 타고 오른 등나무 덩굴

오랫동안 하늘에 세운 집 한 채
누군가 톱날로 밑동을 잘라버렸다

선을 넘은 영역,
끊겨버린 땅

가지마다 매달던 봄도
무성한 보랏빛 꽃도 모두 잃어버렸다

전선줄을 붙잡고 메말라가는 나무

하늘을 버리지 못한 채
허공에 매달려 있다

그는 하늘을 꿈꾸었지만
그의 영역은 지상이었다

봄의 틈

눈 덮인 계곡
둥근 구멍이 나 있다

풀 한 포기가 제 온기로
단단한 얼음을 녹이고 겨울의 등을 밀어 올린다
봄의 틈이다

길가 보도블록이 민들레를 피우고 있다
그 비좁은 틈이
생명 하나를 품어 환하다

세상 모든 봄은
이 틈으로 스민다

시작과 끝의 기울기가 선명하다

바위

무성한 잡초들이
찬바람에 스러져가는 것을 보고 있었다

한 아름 푸르게 살다가
구새 먹어 텅 비어버린 고목들이
흙으로 돌아간 쓸쓸한 발자취를 보고 있었다

시든 들판이
새봄의 노래로 뭉클하게 피어나는 것을 보고 있었다

먼 길을 걸어온 시간이
또 다른 시간에 밀려 어디론가 쫓겨 가는 뒷모습을
하염없이 보고 있었다

늘 그 자리에서
바위라는 이름으로

북어

대양(大洋)에서
잔뼈가 굵었다

영문도 모른 채 뭍으로 끌려와
갯바람과 따가운 볕을 품고
휑한 눈 허공에 담으며 한껏 가벼워진 몸

바짝 마른 지느러미로
공중을 향한 날갯짓을 꿈꾸는 것일까

마른 몸을 풀고
기어이 승천(昇天)할 태세인데

바다는 멀고
기억은 말라

누구의 영혼으로 헤엄쳐 갈까

저 가지런한 바다의 살점들
덕장에 묶여
맑은 피를 태양의 신전에 바치고 있다

안과 밖

빙점 아래로
스무 계단 내려간 수은주
창밖 풍경이 굳어 있다

표정 없이 긴장한 사람들
언 마음을 데우려
뿌연 입김을 흘리며 걷는 저녁
바람의 채찍에 가로수는 울고
이파리와 가지까지 하얗게 덮인 장미나무도
얼음 조각에 맨살이 트고 있다

회색 허공에서 윙윙대는 바람은
먹이를 찾는 듯 발톱을 세우지만
열기를 삼키며 녹아내린 유리창
이 벽 한 장이
나를 지켜주고 있다

공격이 거칠수록 활짝 핀 성에 꽃

서 북풍이 등을 보이면 꽃이 질 것이다

녹아내릴 시간을 기다리는데
밖에 서 있는 풍경이 유리창을 두드리다 돌아간다

아늑한 이곳과
저곳은 너무 멀다

산을 내려올 때

친구를 묻고 오던 날
사월 하늘에 눈이 내렸다

마지막 한마디 때를 놓쳐
집으로 가지 못하는 낮달처럼

계절이 떠난 후에 허공에 뿌려지는
저 눈발
봄날의 꽃잎에 서리가 맺힌다

저미는 이 아픔도
꽃망울에 맺힌 저 서리도
우리들 모두 집으로 돌아가면
얼마 지나지 않아 사라질 것이다

뒤늦은 후회
그러나 그것도 모두 녹아내릴 것이다

어떤 공연

빈방 히니 우듬지에 걸렸다

작열하는 한여름 숲으로 빠져나간 악사는
서늘한 합주로 계절을 녹일 것이다

며칠을 울기 위해
칠 년의 어둠을 파먹고
한여름을 완성한 연주자들

정해진 시간 안에 신방을 차리면
소리의 족적들은 깨끗이 지워버리고
세상의 문 따위도
조용히 닫고 떠날 것이다

오늘도 대학로 지하 소극장에는
한 번의 연극 공연을 위해
몇 개월의 낮과 밤이 움직이고 있다

부리의 힘

새소리 잦아지면 어둠이 걷힌다

날마다 아침을 여는 합창

빛을 부르는 저들의 암호는 무엇일까
참새, 직박구리, 박새, 까치
각각의 목소리는 섞이지 않고도
하나가 된다

벚나무, 모과나무를 오가는 새떼
공중의 길에도 발자국이 찍힌다

분주한 날갯짓이 어디선가 새벽을 물고 오면
어둑한 창에 조금씩 빛이 스민다

허공은 저들의 땅
먹이를 찾아 내려앉는 이 땅이
저들에게는 하늘이다

저 작은 부리에
날마다 어둠의 장막을 걷어내는 힘이 있다

땅속의 길

두더지가 꿈틀거리며
땅속에 길을 내는 것을 보았다
땅 밑의 길은 애초에 없는 길이었다

커다란 쇠두더지 한 마리가
지금 나를 싣고 간다
구불구불 땅 밑을 관통한다
없는 길이었다

목적지는 다르지만 모두가 한 방향
흔들리며 실려 간다
쌩쌩, 어둠의 마디마디 불이 환히 켜지고
사람들이 들고 난다
만나고 헤어짐이 스친다
처음엔 없는 길이었다

내가 닿을 역은 어디 있을까
도착할 역을 알지 못한 채

마지막 종착지를 향해 어둠 속을 날리고 있다

없는 것들이 모두 살아 움직인다
가끔 내 몸에도 흙냄새가 난다

달빛을 덮고 잠들다

밧줄 하나 붙잡고 잠이 든
저 목선
며칠 전 들이닥친 풍랑이 먼 바다로 빠져나간 후
모처럼 깊은 잠에 빠져 있다

새들의 울음마저 끌어올리던
어부의 억센 팔뚝도 어디선가 닻을 내리고
물속을 휘젓던 포식자와
쫓기던 작은 물고기 떼도
지금은 어느 해초 사이에 숨어 잠들었을 것이다

바다의 젖을 먹고 자란 파도마저
지금은 휴식이다

등을 쓸어주듯 잔잔하게 일렁이는 달빛
이 고요를 아무도 건드릴 수 없다

이 깊은 잠은 풍랑이 놓고 간 것이다

11월

표지가 바랬나

찢어진 책장처럼
계절의 한 페이지가 너덜거리고

한순간 낙엽비로 쏟아져 내리더니
저마다의 가슴을 안은 채 바닥에 나뒹굴고

저 숲에서 누군가 눈물과 밀어를 태우고 있다

모카보다 진한
에스프레소 같은 그런 향내가
바람에 날리는 코트자락에 묻어
어디론가 흩어진다

읽히지도 않고 사라지고 마는
무명 시인의 낡은 시집처럼

낡은 속도

공원 한 구석 폐타이어
반달의 몸속으로 바람이 드나든다

군데군데 갈라진 흔적을 안고
이곳에 여생을 내려놓은 저 타이어
무거운 짐을 지고 도로를 질주하던
팽팽한 속도는 다 빠져나갔다

몇 킬로미터의 속도로 이곳까지 왔을까

청춘의 험산을 넘을 때
온몸을 때리던 바람
지금은 어디를 떠돌고 있을까

나의 생에도 브레이크가 없었다

태양이 언덕을 넘어서는 오후 6시
이제는 속도를 늦추어야 할 나이

사위어가는 햇살 사이로 절뚝이며 다가온 사내
지팡이를 내려놓고
지친 하루를 깔고 앉는다

잡초의 방

방 한 칸 없어도
꽃무리에 끼어 살아갑니다

꽃이 아니어서
아무도 눈길 주지 않지만
짧게 스치는 당신의 눈만 볼 수 있다면
좁은 땅도 불편치 않습니다

해 저물면
서둘러 꽃들이 지지만
나의 피는 언제나 초록으로 푸르고
뿌리째 뽑혀도 시들지 않습니다

적막한 밤에도 반짝이며 흐르는
샛강 돌돌돌 노래하는 곳
이곳이 나의 자리입니다

모두가 떠난 늦가을

내 주머니에는 잘 여문 씨들이 가득합니다

나는
소리 없이 이곳에 씨를 뿌려놓고 돌아갑니다

묵상

핏빛 노을 속으로 스미는
해바라기

숭숭 빠져버린 씨앗
빈자리에 벌레들이 기어다닌다

알알이 여물던
생의 절정도 잠깐

죽정이만 남은 뼛속으로 차가운 바람만 파고든다

어스름 달빛에
한 줌 남은 피도 빠지고 있다

천년의 옷을 벗다

하늘을 향한 소리
망치는 정의 꼬리를 치고 정은 돌을 친다
석공의 매서운 눈의 정기는
불길을 먹고 태어난 정으로 이어지고
이따금씩 불길을 게워내는 날카로운 정

시간의 혈관을 찾고
심장을 찾아 숨길을 여는 저 석공
떨어지는 땀방울에 열기를 식히며
단단하게 채워진 시간의 족쇄를
듬성듬성 벗겨낸다

어느 날 아침
천년을 돌아 나온 동자승이
무념의 잠에서 깨어나
환하게 웃고 있다

안부

바람은 별이 보내온 편지
떠나간 이들의 가녀린 숨결이다

새벽 창가를 서성이다가
동녘이 밝으면 또 홀연히 사라진다

별을 보며 소망을 이야기하던 친구와
삶이라는 들판에서 바람을 막아주던 사람들
외진 구석에서 초라하게 흔들릴 때
다리가 되어주던 인연들

상실의 시간마다 마음 한구석 찾아와
위로하던 벗들이여

오늘도 나의 서재 새벽 창문을
누군가 흔들고 갔다

창가는 눅눅하게 젖었는데

미처 안부를 읽기도 전에
별이 하나 둘 사라지고 있었다

함박눈

꽃들이 송이째 내리고 있다

고해성사하듯 묵은 때 씻어주고
한 마음으로 섞이는
하얀 꽃송이들

아득한 하늘에서 손 흔들며
분(粉)처럼 풀풀 내려온다

먼 여행을 마치고
다시 지상으로 되돌아오는
신(神)의 발걸음

소리 없이 고요하다

제2부

모르새

새가 짹짹대며 노래하고 있다

예전엔 곡조가 깊었는데
구슬픔을 잃었다

삶이가 뭐야?
배고픔이 뭐지?

왜 울어야 하느냐는 질문에
말문 잃어버린 어미 새

울타리 밖 저편의 산만 바라보고 있다

—저 산만 넘으면 되는데……

혼자서만 중얼거리며

아직 나는 이별이 준비되지 않았다

어머니 휴지통에 버려진 빛바랜 사진들
어느 봄날과 어느 겨울이 함께 구겨져 있다

젊은 시간을 돌아보며 목이 멘 걸까
찢어지고 구겨진 생의 살점들
평생을 지켜온 화려한 순간의 화면들
구순 노인에게 정리(整理)란
흔적을 지우는 일부터 시작되는 것이었을까

묶음으로 가지런한 내 사진첩을 오랜만에 펼쳐본다

한때 함께했던 그날의 순간들은
지금도 환하게 나를 맞는데
삶의 대지를 쓸고 간 시간의 바람은
그들의 흔적을 흐릿하게 지워 버렸다

기약 없는 꿈과 희망을
새처럼 지저귀게 해주던 친구들

육지를 향해 달려오넌 파도처럼 출렁이던 사람들
애써도 잡지 못한 시간과
잊으려 해도 영원히 맴도는 날이 봉함되어 있다

되새기기 싫은 인연
버리고 싶은 사진들을 고르다가
다시 넣는다

아직 나는 이별이 준비되지 않았다

거꾸로 가는 시계

네 살 때까지 나는 똥오줌을 가리지 못했다고 한다
별일 아닌 듯 그것을 치웠을 어머니

당신의 기억에 안개가 덮이고
나 몇 살이니?
백 살이니? 여든아홉이니?
아들에게 묻는다

어머니,
그때의 내 나이가 되셨다
잠시 전 기억도 슬쩍 지워버리는
저 지독한 지우개

깜빡 정신 들 때,
마지막 품위를 지키려 빨던 바지를 놓아두고
무엇을 찾으려 했는지 방으로 갔다

거름 주던 배추밭처럼 화장실이 난장이다

가족이 잠든 밤
그 옛날 어머니처럼 지린내를 삼키며
문을 꼭 닫고 소리 죽여 바지를 빤다
어머니가 나의 네 살을 빨던 것처럼

어머니의 빈방

언제나 자식과 남편이 먼저였고
당신은 늘 뒷전이셨던 어머니

어느 날 아파트 동호수를 잃어버리고
현관문 비밀번호 잃어버리고, 오가던 길을 잃고
대소변도 간간이 놓쳐버리고
휴지, 신발, 시계조차
언뜻 언뜻 남의 것을 내 것인 줄 안다

창밖으로 흰 눈 내리더니
어느새 내면까지 들어온 매몰찬 바람
평생을 다져온 황금빛 발자국을
다 지우고 있다

초점을 잃은 어머니의 낯선 눈빛
오직 진행의 순서만 있다는 병
남은 정까지 이리도 긁어내는
당신은 대체 누구입니까

덩그렇게 비어진 어머니의 방
새벽 창가에 서린 슬픔이
방향을 잃은 채 흐르고 있다

동백꽃, 다시 피다

빨간 꽃 한 송이 머리에 꽂은
89세 저 할머니

요양원 작은 방에서
손을 놓고 마음마저 놓고
바람의 순서를 기다리고 있다

빌딩 숲속 어둑한 6층 4인실
모두 잠들고 조명이 꺼지면
살며시 일어나는 할머니
커튼의 작은 틈 사이가 그녀의 붙박이 자리다

발아래 펼쳐지는 네온의 불야성에
잔잔하게 몸을 흔드는 그녀

화려했던 시절은 흐릿하지만
노래교실 시간이면
농익은 사투리의 해당화 한 송이

활짝 피어 연분홍 분(粉)을 뿜는다

그 순간만은 언제나
열여덟 동백 아가씨로 돌아간다

이별의 뒤편

국화 한 송이를 바친다

백세 호상이라는 이름
아름다운 이별이라는 말에
영정사진도 꽃들도 표정이 환하다

그러나 저 미소 뒤로
캄캄한 어둠이 서려 있다

고인을 위해 순장되는
다 피지도 못한 저 국화송이들
생전에 단 한 번도 만나지 못한 인연인데
문상객의 손에 들려 절하고 있다

하얀 잎사귀 말라가는 저 꽃
얼마나 많은 고통을 품고 있을까
저들의 조문은 누가 해야 하나

오랜 만남을 놓고 떠나는 고인의 앞길
환한 빛으로 피어 있지만

자욱한 꽃향기
환한 소멸 뒤로
알 수 없는 어둠이 서려 있다

수건

오래된 명함 몇 장 줄에 걸려 있다

20년 전 숙부의 팔순 잔치가 살아나고
15년 전 돌잔치가 다시 열리고
10년 전 취임식이 얼굴을 내민다

때 묻고 상처 입은 세월

숙부는 돌아가시고
돌잔치의 아이는 청년이 되고
취임식은 퇴임식이 되었지만
수건은 여전히 제자리를 지키고 있다

구겨지고 삶아져 몸은 바랬지만
그날의 증거를 문신처럼 품고 있다

물기를 말려주고
때를 닦아내는

소중한 시간의 명함들

젖은 몸을 말리고
또다시 젖을 준비를 하고 있다

언덕길 종소리

푸른 하늘에 걸린 첨탑에서
종소리 은은하게 흘러내리면
하늘을 우러르곤 했다

가파른 언덕을 깡충대며 오를 때면
풋바람을 마시며 아카시아 꽃을 씹던
성당의 어린 급사 소녀
그녀의 쓸쓸한 눈길이 내 뒤를 따라왔다
내 뒷모습이 사라질 때까지
바라보고 서 있었다

너른 벌판 허허롭던 성당 길 언저리
지금은 집들이 빼곡하다
종을 치던 그 늙은 사내는 어디로 갔을까
소리에 촉촉이 젖던 하늘도 마르고
첨탑으로 오르던 바람도
이제는 허리가 굽었다

연신 돌아봐도 밀려와 부딪히는
물결 같은 그리움
허전함을 채워주던 뒤뜰의 아카시아 꽃
지금도 그때처럼 소복이 쌓여 있다

TV의 변신

가난한 흙냄새와
행복한 초원의 집과
전원일기와 한 지붕 세 가족이 살고
감동의 푸른 하늘이 펼쳐지던 저 네모상자

어느 날 서민의 마당은 철거되고
뜬구름 잡는 재미에 골몰하는 청년들이 바글거린다
무임승차한 어린 재벌과 허황된 꿈을 꾸는 신데렐라
맞장을 치닫는 불륜과 치정, 삼각관계가 마당을 점령했다

헌신의 열매가 퇴출된 자리, 원망이 자리 잡고
주인공 내보낸 빈집에서
웃자라는 가지에 키 재기를 하며 깔깔거리는 사람들
정치의 갈퀴는 때마다 상자를 점령하고
휘두르는 채찍에 놀아나며 숨어 눈물짓는 피에로
금수강산 푸른 하늘에 미세먼지가 자욱하다

자본주의를 앞세워 사차원의 괴물을 배설하는 도구

앵무새 억지춘양에 철 바뀔 때마다
거짓이 진실이 되고 진실이 거짓이 된다

시대의 지성이라는 탈을 쓴, 텅 빈 머리의 수장 여우가
파란 눈으로 미소를 번뜩이며 외친다

'먹잇감을 찾습니다'

날지 않는 새

상처도 없이 펄럭이던 날개를 접고 있다

한때는 평화를 물고
극복의 열매를 물고
떼 지어 공중으로 치솟던 저 비둘기

지금은 하늘을 버리고
도시의 노숙자가 되어 거리에서 구걸하고 있다
드넓은 허공을 버리고
바쁘게 오가는 행인 사이를 천천히 걸으며
주유소 바닥을 서성인다

날아가는 새를 보며 새끼 비둘기가 묻는다

엄마, 재들은 왜 힘들게 날고 있어?
맛있는 열매는
누가 다 뺏어 간 거야?

세상은 힘든 곳이라고
원래 공평하지 않았다고 말하다가,

모르겠다고 고개를 주억거리는 어미 새

살풀이춤

국립국악원 예악당, 춤추는 무희

한 마리 학인 듯, 나비인 듯
허공 가득 오르더니 파르르 젖은 날개를 접는다

떠나버린 시간의 봉함을 다시 뜯으며
끝없는 바닥까지 긁어내다가
잔잔하게 시들어가는 몸부림

젊은 임종에 아파하다가
이제야 편하다며 힘들게 웃던 친구
돌아누운 어깨의 그 가녀린 떨림

토하듯 울다가 새벽이면 사라지는
두견의 검붉던 흔적처럼
무거운 선의 회돌이
긴 자락으로 청중의 가슴을 치고 내린다

사뿐 디디는 하얀 코 버선
무념의 선율 위를 걷다가
비워진 가득함으로 힘차게 솟아오르는 한삼자락의 너울

태양을 향해 날아가는 신궁의 날카로운 화살촉이다

차례를 지내며

순서가 없는 이별을 한자리로 엮은 날
피붙이들이 모였다
떠난 사람 남은 사람들로 얽힌
실타래를 돌이켜보는 날이다

음악을 좋아했다는 할아버지
어린 시절, 무릎을 베개로 내어주고
구운몽, 옥루몽을 밤새 얘기해주던 할머니의 입담이
내 몸에 흐르고 있다

젊은 시절 눈빛을 외면하며 방황했어도
늙을수록 나와 눈을 맞추던 아버지
밝고 어두웠던 생의 날씨는
저마다 달랐지만
사랑도 미움도 이제는 의미 없이 지워지고
시간의 굴레 속에 흔적으로만 남았다
피어날 아이들에게 나는 어떤 이름으로 남을까

기운을 회복한 계절이 은빛 햇살을 거느리고
반짝이며 출렁이는 날
알알이 영근 과실과 정성, 소복이 차려놓고
혈육의 의미를 생각해본다

모두 나의 울타리였다

계곡의 봄

누구의 입김인가
얼었던 계곡의 혀가 풀린다

꽃봉오리 저마다 촉을 내밀어
허공에 편지를 쓸 무렵,
바람의 음표 따라 꽃가루가 떠다니고
맨발로 일어서는
계곡의 목소리가 소란하다

봄의 잎맥에 송골송골 모인 이슬비
잎새 위를 또르르 구르면
온 산이 환하다

잉태의 숨결 가득한 계곡
사이사이 축복처럼 내리는
바람의 연주가 힘차다

허공을 껴안으며 흘러드는 남풍에

계곡의 버들강아지
눈뜨는 소리

추위가 오가던 계곡에
봄별이 내려앉는다

돌아보다

어느 날 덮친 화재에
삶의 흔적을 모두 잃었다는 늙은 화가

폐허가 된 자리
불탄 잿더미 구석 타지 않은 몇 조각의 물품이
말간 얼굴을 내밀고 있었다
누렇게 버려져 있던 초창기의 습작노트
오래도록 눈길조차 주지 않았던 붓과 연적
꿈이 담긴 그 시절을 하나씩 닦으니
숨어 있던 광채들이 희망처럼 돌아왔다

시간의 톱니는 쉼 없이 찰칵거리고
모든 것 부질없이 사라져 가는데
나 역시 새것에만 눈길을 주고 주변을 돌아보지 않았다

함께했다 멀어진 사람들
방치했던 책과 책상 주변의 집기
장롱 속 오래 묵은 옷과 물건

신발장 속에서 삭아버린 신발

앞만 보며 걷던 걸음을 잠시 멈춘다

오랫동안 내 것이었지만
내 것이 아니었던* 것들의 이름을 불러본다

---

*고영 시인의 시, 「원고지의 힘」에서 인용.

맹인 안마사

그녀의 땅은 손끝에서 시작되고
그녀의 하늘은 귀를 통해 열린다

한 치 발 디딜 곳 없는 어둠에서
지팡이 하나로 찾아 헤맨 길은
깊고 깊은 몸속에 있었다

낯선 몸에게 손끝으로 말을 걸면
통증은 손등을 기어오르고
혈이 풀리는 소리

손끝에 열 개의 눈이 달려
마디마디 빛을 읽는다

한 사내의 굴곡진 길을 풀어내는 시간
그녀의 온몸에 땀방울이 흐른다

지구 세 바퀴를 돌아오는

얽힌 길을 찾아내면
비로소 푸른 기운이 스미는 몸들

그녀의 길은 사람의 몸속에 있었다

성냥

작은 상자 안에 빼곡한 나신들
몸을 사르기 위한 마지막을 기다리고 있다

머리를 부딪쳐 어둠을 밝히려는
결심이 가지런하다

한때는 새처럼 울던 날이 있었다
울창한 잎사귀를 매달고
누군가의 땀을 식혀주는 그늘이었다

어미 떠나고 떠맡은 외손녀를 위해
파지를 리어카에 싣고
땡볕에도 가파른 언덕을 비틀대며 오르는
어느 노인의 충혈 된 일과처럼

마지막 불씨가 되어
무언가를 태우려는 저 붉은 눈빛

끝내 온몸을 태우고
자유로운
한 줌의 재가 될 것이다

낙과

노점의 사과가 눈길을 당긴다

구월 태풍 바람의 갈퀴에
떨어진 낙과
비닐봉투에 뒤엉킨 상처 입은 얼굴들
가난한 내 입맛은 그들과 더 친하다

관절염을 앓는 절뚝거리는 저 할머니
언제부터 이 시장에 흘러왔을까
어느 바람에 떨어져 홀로 되었을까

몇 봉지 낙과를 쌓아놓고
하나 베어 물기 차마 아까워
기다림으로 빈속을 채우며
하루를 건너고 있다

제3부

12월

뼈만 남은 나무의
마지막 잎사귀마저 힘없이 떨어진다

어제의 풍경이
오늘의 풍경에게 안부를 묻는다

명동성당 앞을 지나며 습관처럼 성호를 긋는다
마리아상 앞에
또다시 무릎을 꿇는다

새로운 기다림보다
보내야 하는 아픔이 더 크게 스민다

자꾸만
뒤를 돌아보게 된다

네모난 기록장

창 너머 깔린 어둠이 나지막이 출렁인다

어제의 기운은 저편으로 빠져나가고
뒷담을 넘어가던 달빛
새벽 한 시의 발자국이 이곳에 찍힌다

오늘이라는 종이 한 장, 지평이 되어 앞에 놓였다

바람을 훔치려다
창문을 몰래 넘어온 습기가
마음보다 먼저 A4용지에 스며들어
백기만 들고 아침을 맞은 적도 있다

먼 길 떠나버린 그녀의 마지막 유언이
별이 되어 이곳에 내리던 밤
젖은 종이에 아무것도 남길 수가 없었다

이 서늘한 기운, 달과 별의 하소연

지금의 무게를 어떻게 다 담아야 하나

오늘이라는 백지에
아무것도 남기지 못했다

별에게 묻다

비 개인 여름 계룡산 산장의 밤
어린 날 어머니와 함께 보던 하늘을 만났다
저토록 아름다운 별무리를
무엇에 쫓겨 지금껏 잊고 살았을까

은하의 물결에 멱을 감고 있는 별들
저 강은 어디로 흘렀다가 이곳에 왔는가
어느 곳 유람을 마치고 우리 다시 만나는가

때 묻은 도시는 미리내를 믿지 않고
죽어서 별이 된다는 말, 나도 믿지 않았는데
하늘의 얼굴은 조금도 변하지 않았다
내 곁을 떠난 사람 모두 오늘밤 내 앞에 떠 있다

이제 과거는 색이 바래고
소중한 것도 하나 둘 빠져 빈손만 남았는데
반짝이며 다가오는 살가움

나의 자리도 그곳에 있는지
회백색 그 강에는 시름이 없는지

도시를 떠나오니 하늘이 보인다

순천만 늪지에서

허기진 시간을 감싸는 늪의 고요를
바람이 조심조심 흔들고 있다

꿈을 떠나보낸 사람들의 짙은 숨결과
바람의 눈물을 만날 수 있는
순천만에 오면 그리운 시간이 있다

척박한 땅
평생을 고개 숙이며 살다 간 사람들
열매를 맺지 못한 씨앗들
언덕을 넘어설 때마다
뒤편 아래서 손 흔들던 사람들

억새밭에서 만난 바람의 목소리
겹겹이 쌓였던 설움의 노래도
백년의 시간에 탈색되고
들판을 종단하는 저 바람의 발길에
출렁이듯 한 몸 되어 초연히 등을 눕힌다

광대한 자연의 콘서트
이곳에 오면 부질없는 나의 방황도 한 몸이 된다

꺾였던 날개도 다시 펼치게 된다

굴레

가깝다는 이유로 우리는 예의를 벗어던지고
한발 더 가까워진 줄 안다
그는 나를 함부로 대해도 좋은 것일까

돌아서면 보이지 않는 틈이 생긴다

그 작은 틈이 점점 커져
감사함을 섭섭함으로 오해한 적이 있다

그때 마음과 마음이 닿지 못했다
스스로 굴레를 만들고
그 안에 갇혀 있었던 것

더도 덜도 말고 딱 알맞은 거리는
얼마쯤일까

어제는 오늘을 낳고
오늘의 나는 또 내일의 나를 만든다

비움의 크기만큼
굴레는 가벼워진다

홍옥

친환경 농장에서 매년 보내오는
사과

결실로 흐뭇하던 농부의 얼굴처럼
볼이 붉다

한입 깨무니 미황색 속살 반짝이고
주르르 흐르는 새콤달콤한 과즙,
다디단 가을볕이 묻어 있다

사과처럼 둥근 아침

식탁을 차지한 가을 한 접시
봄날의 기도와 여름의 땀이
10킬로그램이다

안장하다

낙엽을 주워 햇볕에 비추니
벌레가 먹고 남긴 구멍만
유언처럼 남았다

봄날을 위해
서둘러 떠나며 남긴 마지막 이별 한 장

허물만 남기고 고스란히 빠져나간
가을의 필체

잎맥만 남은 잎사귀의 박제된 이력
책갈피에 안장한다

공덕역

서울역 뒤편 만리동 산비탈
정병구 씨 집 문간방이 내가 태어난 둥지였다

건너편 여의도 밤 불빛을 무심히 바라보던
종점의 사람들
밥을 찾아 안암동 금호동 면목동을 떠돌았다
하룻밤 연탄 60여 장 갈며
잠자리와 삼양라면 한 상자로 급여를 받던
서울여고 앞 진학 독서실
나는 졸음이 묻은 연탄집게를 들고 살았다

여름방학이면 삼복의 뙤약볕이 팔뚝에 꽂히던
최대포집 앞 공사장
벽돌을 지고 출렁거리는 난간을 타고 올랐다
땀에 전 작업복의 악취를 숨겨주던
함바집 청국장 밥 한술 뜨면
왠지 모를 서러움이 울컥, 치밀어 올랐다

그러나 그 길은 언덕 너머를 바라보며
꿈의 다리를 향해 걷던 시간
아득해 보였지만 지나고 보니 참 짧은 거리였다

겨울 꽃

함께 놀던 친구들 모두 집으로 돌아가면
달랑 혼자 남은 아이
오지 않는 어머니 기다리다가 문 앞에서 울며 서 있던 아이
혼자 지키는 방이 싫어 캄캄한 골목을 서성대곤 했다

여섯 살 까까머리의 가장 큰 행복은
한 달에 한 번 이발학원에서 머리 깎는 날
긴 줄로 서서 밀어대는 바리캉,
바라보는 것만으로도 설렘이었다
항상 바뀌는 초보 학원생들의 20원짜리 이발
손길이 머리에 닿을 때의 그 촉감
그날은 조금도 외롭지 않았다

칼바람 채찍처럼 몰아치면
일 찾아 먼 길 다니던 아버지 빈손으로 돌아오시고
무언가 화난 듯 분위기는 냉랭했지만
마당 가득 눈이 내려 텅 비었던 마음도 포근했다

눈 속에서도
붉게 얼굴 내밀던 아기동백처럼
여백 위에 또렷이 새겨진 기억

유난히 추운 날이면
발그레한 얼굴로 골목길을 서성이던 그 아이가 생각난다

파랑새는 떠났다

한때는 좋아하던 가수였다
그녀는 내 마음의 파랑새였다
청춘의 험산을 넘을 때 위로를 주던
마음의 원두막이었다
그녀의 노래를 따라 장미가 붉은 언덕길을 오르면
뭉게구름이 따라 오곤 했다

어느 날부터 TV에서 사라진 그녀 목소리
어디에서도 볼 수 없던 그녀를
어느 여행지 주점에서 만났다
표정은 변함없이 간절했지만
그녀의 노래는 예전처럼 가슴을 뛰게 하지 않았다
미소에도 향기가 없었다

눈을 감으니 예전의 그녀가 떠오른다
광야의 바람처럼, 슬픈 소녀의 기도처럼
때로는 사나운 짐승의 밤 울음처럼
영혼의 경계를 넘나들며 환호를 삼키던

목소리 늙고 깃털조차 뽑혀
날아갈 하늘, 반짝이던 무대가 쓸쓸하다

이제 나의 파랑새는 떠났다

기찻길 옆 아이들

가난한 아이들은 기찻길에 모여
철로장을 치르곤 했다
버려진 녹슨 못을 철로 위에 침으로 붙여놓고

기적을 울리며 기차가 지나가면
납작 눌린 못은 기사의 검처럼 날카롭게 반짝였고
그 빛을 보며 함성을 지르곤 했다

철마의 꼬리가 멀리 사라질 때까지
휘파람을 불어대던 아이들
텅 빈 속에서 뽑어내던 구성진 소리는
언제나 힘없이 끊어지곤 했다

일 나간 부모를 기다리며 동네를 배회하던
기찻길 옆 아이들
소외된 가슴을 채워주던 녹슨 못의 철로장

먹이가 생기면 게걸스럽게 달려들어도

배가 부르지 않았고
그중 몇몇은 철마에 치여
사이렌 소리와 함께 영영 떠나기도 했다

회기역을 지날 때면 지금도 꿈틀대는 휘파람
멍울진 아이들의 그 가슴속 노랫소리가 들린다

태풍

검은 장막은 하늘을 덮고
허공에서 울던 회오리
목표물을 향해 한 걸음씩 내려온다

거친 비바람의 갈퀴를 세우고
지상을 점령한 바람의 자식들

저 강력한 힘은 어디서 오나

허공의 길이 흔들린다
달려오는 바람의 머리를 누가 틀 것인가

태풍이 밟고 간 자리에
뿌리째 뽑힌 집들이 누워 있다

소심(素心)

오래 수줍던 꽃
첫인사가 눈부시다

길게 뻗은 하늘거리는 허리
탐스러운 꽃망울

잔바람 다가와 쓰다듬으면
살포시 품어내는 숨결의 향기

온 방 자욱이 퍼진다

하얀 손 내밀어
고운 밀어를 건네고 있다

해와 나무의 관계

바람에 일렁이는 호수의 여울처럼
잔잔하게 다가온 당신

꽃샘추위에 바들대던 몸
어루만질 듯
햇살 환하게 내려오고
그대의 따사로움은 가슴을 뛰게 했습니다

계절의 변덕에 시달리던 마음도
안식을 찾고
푸르게 물든 잎사귀로
풍요로운 삶을 연주할 수 있었습니다

함께 이룬 열매들도
우수수 떨어질 날 오겠지만
마지막 남은 정성으로 짙게 물들어갑니다

바람 부는 거리를 혼자 떠돌지라도

기쁘게 눈 감을 수 있는 것

그대 이미 나에게
모든 것을 주었기 때문입니다

저 자루에 오래된 바다가 담겨 있다

태양의 땀과
바다의 피가 하나 되어 태어난
저 다면각 크리스털

저 소금은
출렁이는 검푸른 바다였다가
바람에 부서지는 파도였습니다

마지막 돌아온 고향 갯벌
따가운 일광에 체온이 오르면
희멀건 몸을 조금씩 드러내던 바다의 속살이었습니다

한나절 울어대는 갈매기 소리 잦아들면
한 꺼풀씩 떠오르던 하얀 몸체

자루에 담긴 바다가
남은 눈물을 쏟아내고 있습니다
저 자루에 담긴 묵은 소금은 십 년 전의 바다였습니다

한 사발의 물과 한 줌의 소금

굳었던 바다의 등뼈가
허리를 펴고 일어섭니다

끝내 바람이 되었다

친구의 부음이 휴대폰에 찍혔다

지친 저녁이면 전화를 하고
답답한 날 한 잔의 위로를 부탁하던
눈물 섞인 목소리가 문자로 떴다

막내딸 대학도 마치지 못했다며
종양을 품고도 세상을 향해 달리던 몸

그토록 매달리던 세상을 놓아두고
화장장 한 평 방에서 흔적을 지운다

생의 언덕에도 노을은 내리고
이역의 협곡에서 온몸을 때리던 바람처럼
우리들은 그저 지나는 것
부서지는 것, 잊히는 것
여운조차 남기지 못하고 휩쓸려가는 것

잔바람에도 소름이 돋던
마지막 손을 놓고 바람의 품으로 떠났다

끝내 바람이 되었다

겨울 호수

그 푸르던 얼굴이 꽁꽁 얼었다

돌멩이 하나 던지면
호수의 입술에 부딪혀 쩡,
혹한의 파장만 가슴에 돌아온다

호수에 뜨던 그 많은 별도
출렁이던 나무들도 곁을 떠났지만
물속의 것들
추울수록 꼭 껴안고 단단해진다

남풍이 불어올 날 기다리며
저편과 이편을 이어주는 몸짓들

얼어붙은 호수를 열 수 있는 것은
돌멩이가 아닌
따스한 봄의 입김이다

해설

눈석임으로 남아 있는 아름다운 슬픔

마경덕 시인

지면은 자신의 경험이나 '인식을 설치하는 공간'이며 '타자의 시선이 마주치는 장소'이다. 시인의 품을 떠난 시는 독자에게 읽히는 절차를 통해 비로소 제 몫을 다한다. 작품과 독자가 소통하며 합일(合一)이 되는 순간 시는 완성된다. 시인은 '절반의 여백'을 남겨두고 그 여백을 독자들이 '채워주기'를 바라는지도 모른다. 하이데거가 "시란 언어의 건축물이다"라고 하였듯이 시인은 자유로운 상상으로 '마음속 그림'을 형상화하여 평면인 종이에 입체적인 풍경을 구축한다. 이때 현실 세계를 바탕으로 만들어진 가상의 풍경은 실제의 모습으로 구현되어 힘을 얻는다. 흥미로운 것은 일정한 조건에서도 변할 수 있는 성질, 즉 가변성이 존재한다는 것이다. 낯선 오브제 하나가 고정관념을 전복시키거나 우리의 의식을 환기시킨다. 상상력은 '어떤 형태를 생각하는 힘'이기에 어느 지점에서 돌출

된 기억들이 독자의 관점에 따라 확장되고 축소된다. 규정된 개념이 예기치 못한 방향으로 변화하는 과정에서 긍정은 부정으로, 부정은 긍정으로 읽히기도 한다. 시인의 의도대로 어떤 것들은 삭제되고 함구(緘口)함으로 다양한 대답을 낳기도 한다. 작품 속에 숨겨둔 이러한 변수는 시 쓰기와 시 읽기의 묘미일 것이다.

이희국의 시편들은 전심전력으로 살아온 그의 삶이 그러하듯 의도했던 지점까지 닿기 위한 '최선의 과정'을 보여준다. 시적 에너지는 힘차고 뜨겁다. 이 열정은 현재와 과거가 맞물려 돌아가는 공간에서 쉬지 않고 시를 쓸 수 있는 '동력'이 된다. 유년의 모티프(motif)는 고리가 되어 현재로 이어지고 그가 겪은 유년의 외로움은 아직도 '눈석임'으로 남아 있다. 안에서 조금씩 녹아서 소리 없이 내려앉는, 슬픔의 크기는 줄어들었지만 그 흔적은 역력하다. 시인은 그 흔적을 애써 지우려 하지 않는다. 그 시린 눈더미를 가슴에 남겨두고 조금씩 음미하며 가난한 주변을 돌아보곤 한다. 서정적인 이희국의 시편들은 섬세한 리얼리티를 지니고 있다. 어느 순간 잠잠히 잠식해버리는 힘, 연민은 큰 울림이다.

무성한 잡초들이
찬바람에 스러져가는 것을 보고 있었다

한 아름 푸르게 살다가
구새 먹어 텅 비어버린 고목들이
흙으로 돌아간 쓸쓸한 발자취를 보고 있었다

시는 늘판이
새봄의 노래로 뭉클하게 피어나는 것을 보고 있었다

먼 길을 걸어온 시간이
또 다른 시간에 밀려 어디론가 쫓겨 가는 뒷모습을
하염없이 보고 있었다

늘 그 자리에서
바위라는 이름으로

—「바위」 전문

무생물인 바위는 생물의 '생몰(生沒) 과정'을 다 지켜볼 수 있다. 엄청난 무게로 한자리에 붙박여 자연을 관망한다. 사람과 식물, 동물, 주변 풍경이 사라져도 그 자리를 지키며 침묵할 뿐이다. 그 숱한 시간과 역사를 어디에 기록했을까. 얼마나 많은 시간이 머물다 갔는지 짐작조차 할 수 없는 바위에 두루마리처럼 펼쳐질 역사가 있다. 발길에 차이는 하찮은 돌멩이도 우리가 살아보지 못한 까마득한 시간을 품고 있을 것이다.

"한 아름 푸르게 살다가/구새 먹어 텅 비어버린 고목들이/흙으로 돌아간 쓸쓸한 발자취를 보고 있었다"에서 알 수 있듯이 바위의 시간은 무한한 듯 보이지만 오랜 세월 풍화작용으로 바위마저도 균열이 생긴다. 이 세상에는 영원한 것이 없다. 어떤 행동이나 심리 상태가 자신의 의지와는 상관없이 계속되는 이 '하염없음'으로 바위는 바라만 보며 일생을 살다 간다. 해마다 변하는 것과 그 변화 과정을 지켜보는 바위는 늘 '일정한 거리'를 유지하고 있다. 그 간격은 '신이 정한 간격'이어서 바위는 자신의 힘으로는 타인의 영역에 한 발도 들여놓지 못한다. 「바위」는 '타인의 불행'을 관망할 수밖에 없는 안타까움과 생의 무상함, 태어나고 사라지는 '순환의 고리'를 실감나게 보여주는 작품이다. '때맞춰 사라지는' 쪽과 하염없이 '반복되는 시간'을 지켜보는 쪽, 어느 것이 더 나은지는 아무도 모른다. '길고 짧음'으로 행복과 불행을 속단할 수는 없을 것이다.

빙점 아래로
스무 계단 내려간 수은주
창밖 풍경이 굳어 있다

표정 없이 긴장한 사람들
언 마음을 데우려

뿌연 입김을 흘리며 걷는 저녁
바람의 채찍에 가로수는 울고
이파리와 가지까지 하얗게 덮인 장미나무도
얼음 조각에 맨살이 트고 있다

회색 허공에서 윙윙대는 바람은
먹이를 찾는 듯 발톱을 세우지만
열기를 삼키며 녹아내린 유리창
이 벽 한 장이
나를 지켜주고 있다

공격이 거칠수록 활짝 핀 성에 꽃
저 북풍이 등을 보이면 꽃이 질 것이다

녹아내릴 시간을 기다리는데
밖에 서 있는 풍경이 유리창을 두드리다 돌아간다

아늑한 이곳과
저곳은 너무 멀다

—「안과 밖」 전문

열악한 환경과 최적의 환경은 '유리 한 장'으로 분리되었다.

아늑하고 안정된 내부와 달리 외부는 북풍이 몰아치는 불안한 장소이다. 극과 극의 조합으로 엮인 대조적인 두 개의 풍경은 '빈자(貧者)의 고통'과 '가진 자의 여유'를 병치시켜 "안과 밖"의 차이를 극명하게 드러낸다. 안으로 들지 못해 바깥에서 서성여야 하는 자의 고통은 비단 매서운 날씨 때문만은 아닐 것이다. 바깥은 제도권 밖으로 밀려난 자들의 상징적인 장소이다. 어두운 기류가 흐르고 위험에 노출된 무방비인 삶은 늘 밖이 되어 안을 기웃거린다.

프랑스 사회학자 피에르 부르디외의 연구에 따르면, 소외계층에게는 서로에게 의지할 단결이 중요한 가치가 된다고 하였다. 사회적 계층이 낮은 사람들은 누릴 수 있는 것이 극히 제한적인 반면 쓸 수 있는 자원이 많은 높은 계층의 사람들은 다른 사람의 도움이 반드시 필요하지 않기에 도움을 줄 필요도 잘 느끼지 못하고 개인주의 성향이 강해 원하는 대로 환경을 바꿀 수도 있다고 한다. 경제력을 가진 특권층이 누릴 수 있는 것이 많다는 것은 경제력이나 교육수준이 낮은 소외계층이 누릴 수 있는 것이 적다는 말이다. 이렇듯 안과 밖의 기온 차는 확연히 다르다. 유리창 안의 풍경은 향긋한 커피 향이 피어오르고 잔잔한 음악이 흐르고 벽난로에는 장작이 활활 타고 있을지도 모른다. 난방이 잘된 실내는 타인의 고통과 무관한 곳이어서 바람의 채찍에 가로수가 울고 얼음조각에 맨살이 트는 곳을 여유롭게 바라볼 수 있다. 지금도 누군가는 아늑한 실내에서, 또 누군가는 종종걸음으로 이 혹독한 세상을 건너가는 중이다. 유리창 한 장의 거리는 단순히 '물리적인 거리'를 넘어 '심리적 거리'까지 보여주는 작품이다. 이희국 시인은 사회적 불평등이 고조되고 빈부의 격차로 인해 문제가 발생되는 현시대의 사회적 화두를 "안과 밖"을 통해 다루고 있다. 주어진 환경에서 제각각의 모습으로 살아가는 방식은 맞물리고 단절되면서 상호작용을 하고 있다.

한때는 좋아하던 가수였다
그녀는 내 마음의 파랑새였다
청춘의 험산을 넘을 때 위로를 주던
마음의 원두막이었다
그녀의 노래를 따라 장미가 붉은 언덕길을 오르면
뭉게구름이 따라 오곤 했다

어느 날부터 TV에서 사라진 그녀 목소리
어디에서도 볼 수 없던 그녀를
어느 여행지 주점에서 만났다
표정은 변함없이 간절했지만
그녀의 노래는 예전처럼 가슴을 뛰게 하지 않았다
미소에도 향기가 없었다

눈을 감으니 예전의 그녀가 떠오른다
광야의 바람처럼, 슬픈 소녀의 기도처럼
때로는 사나운 짐승의 밤 울음처럼
영혼의 경계를 넘나들며 환호를 삼키던

목소리 늙고 깃털조차 뽑혀
날아갈 하늘, 반짝이던 무대가 쓸쓸하다

이제 나의 파랑새는 떠났다

—「파랑새는 떠났다」 전문

이희국 시인은 소통이 가능한 서사를 사용해 독자에게 다가간다. 그가 드로잉한 배경에는 어떤 스토리가 기다리고 있을까. 시인은 우연히 마주친 일련의 사건 속으로 독자를 안내한다. 낯선 장소에서 만난 낯익은 얼굴, 오래전 TV에서 사라진 그녀가 어느 여행지 주점에서 옛 노래를 부르고 있다. 한때 가슴 설레며 동경했던 여가수의 표정은 변함없이 간절했지만 늙고 깃털조차 뽑혀버린 파랑새였다. 독자는 시인의 쓸쓸하고 고독한 표정에 시선을 거두지 못하고 그가 가리키는 방향을 한동안 주시하게 될 것이다. 여가수와 시적 화자의 사이엔 만나지 못한 아득한 공백의 시간이 있다. 그 과정을 훌쩍 넘어 변해버린 모습을 대면했을 때 괴리감(乖離感)을 느낀다.

여전히 제자리에 있는 옛 기억은 더 이상 설렐 수 없는 현실을 부정하고 싶은 것이다. "때로는 사나운 짐승의 밤 울음처럼 /영혼의 경계를 넘나들며 환호를 삼키던" 그 열정과 패기는 어디로 갔을까. 청춘의 험산을 넘을 때 위로를 주던 그 여가수에 대한 노스탤지어는 사라졌다. 삶의 궁극적 의미에 대한 회의를 보여주는 「파랑새는 떠났다」는 한때 전성기를 구가했던 여가수의 '궤적을 유추할 수 있는' 멜랑콜리(melancholy)한 작품이다. 퇴색해버린 시간은 공허한 여운을 남긴다. 누군가를 동경한다는 것, 어떤 기억은 이토록 간절한 힘이 있다.

서울역 뒤편 만리동 산비탈
정병구 씨 집 문간방이 내가 태어난 둥지였다

건너편 여의도 밤 불빛을 무심히 바라보던
종점의 사람들
밥을 찾아 안암동 금호동 면목동을 떠돌았다
하룻밤 연탄 60여 장 갈며
잠자리와 삼양라면 한 상자로 급여를 받던
서울여고 앞 진학 독서실
나는 졸음이 묻은 연탄집게를 들고 살았다

여름방학이면 삼복의 뙤약볕이 팔뚝에 꽂히던

최대포집 앞 공사장
벽돌을 지고 출렁거리는 난간을 타고 올랐다
땀에 전 작업복의 악취를 숨겨주던
함바집 청국장 밥 한술 뜨면
왠지 모를 서러움이 울컥, 치밀어 올랐다

그러나 그 길은 언덕 너머를 바라보며
꿈의 다리를 향해 걷던 시간
아득해 보였지만 지나고 보니 참 짧은 거리였다

—「공덕역」 전문

다양한 일화(逸話)와 리얼리티를 바탕으로 재구성된 주관적 경험은 '시의 주축'이 되어 서울역 뒤편 만리동 산비탈에 펼쳐진다. 세 든 집 문간방에서 태어난 시인은 그곳이 고향이다. 고교 3년간 졸음이 묻은 연탄집게를 들고 살았던 서울여고 앞 진학 독서실, 하룻밤 연탄 60여 장 갈아주는 급여는 잠자리와 삼양라면 한 상자였다. 라면이 주식이었던 시절 밥을 찾아 안암동 금호동 면목동을 떠돌며 공사장 벽돌을 지고 출렁거리는 난간을 타고 올랐다. 그렇게 여름방학은 밥을 벌어야 하는 혹독한 기간이었다. 그러나 이희국 시인은 무거운 짐을 지고도 언덕 너머에 있는 "꿈의 다리"를 향해 한 발 한 발 걷고 있었다. 예측하기 어려운 '삶의 명제' 앞에서도 가슴에

간직한 희망으로 늘 당당한 걸음이었다. 이 용기와 열정은 유기적인 얼개로 연결되어 삶의 주축으로 작동한다. "그러나 그 길은 언덕 너머를 바라보며/꿈의 다리를 향해 걷던 시간/아득해 보였지만 지나고 보니 참 짧은 거리였다"에서 시인의 굳건한 의지와 최선을 다한 긍정적 자세를 확인할 수 있다. 그동안 시인의 행보는 자신과의 약속이 공허한 울림이 되지 않도록 우직한 모습으로 나눔을 몸소 실천하며 살아왔다. 불우한 어린 시절 큰 "다리"가 되어준 스승처럼 늪을 건널 수 있도록 어려운 사람들에게 '사랑의 다리'가 되어준 것이다. 「공덕역」은 한탕을 노리는 기회주의가 팽배한 이 시대에 땀 흘린 만큼 거둘 수 있다는 정직한 '삶의 진리'를 잘 보여주는 작품이다. 성실한 시인의 태도는 '역경을 건너는' 힘이었다. 아래 예시 「그때 번개가 지나갔다」에서도 파란만장의 여정을 어떻게 건너왔는지 살펴볼 수 있다.

강풍이 불고
번개가 빗금을 그으며 지나갔다

꼿꼿하던 해바라기가 목을 꺾었다
검은 허공이 우레와 함께 또 한 번 빗금을 쳤다
그 소리가 내 정수리를 적셨다

창문까지 흔들며 뒤쫓아 오는 천둥소리에
그림자 뒤로 숨겨놓은 기억을 꺼내본다
지은 죄가 몇 가지나 되는지

길을 가다가 개미를 밟은 적이 있었다
밟지 않을 수도 있었다
어느 날 나뭇가지를 무심코 꺾은 적이 있었다
그 나무는 어쩔 수 없이 새순을 내밀었지만
애초에 그가 원하던 방향이 아니었다
누군가의 비밀을 길에 흘리기도 하였다

그것들을 까맣게 잊고 살았다
또 한 번 번쩍, 이실직고하라고 죽비를 친다

창밖의 나무는 지은 죄가 없는지
태연히 비를 맞고 있다

—「그때 번개가 지나갔다」 전문

구름과 구름, 구름과 대지 사이에서 공중 전기의 방전이 일어나 번쩍 불꽃이 인다. 빛은 소리보다 빨라 번개가 앞서고 뒤따라온 천둥소리가 귀청을 찢는다. 천재지변 앞에 세상은 몸을 사리고 진노(震怒)한 하늘의 표정만 살핀다. 나약한 인간은 누구나 신 앞에 떳떳할 수 없다. 이희국 시인 역시 창문까지 흔들며 뒤쫓아 오는 천둥소리에 남몰래 숨겨놓은 기억을 꺼내보며 두려움에 무릎을 꿇는다. 고백한 죄의 명목은 뜻밖에 사소한 것들이다. "길을 가다가 개미를 밟은 적이 있었다/밟지 않을 수도 있었다/어느 날 나뭇가지를 무심코 꺾은 적이 있었다/그 나무는 어쩔 수 없이 새순을 내밀었지만/애초에 그가 원하던 방향이 아니었다"고 고백한다. 작은 배려가 있었다면 개미는 죽지 않고 가던 길을 갈 수 있었을 것이다. 나뭇가지 역시 무심한 손길에 하릴없이 제 방향을 수정해야만 했다. 번개가 지나가는 동안은 현재진행형이며 '짧은 찰나'의 일이다. 번개와 천둥이 사라지면 또 어떻게 될까. 금세 잘못을 잊어버리고 똑같은 실수를 하는 게 인간의 본성이다. 고백적인 서술을 통해 시인이 보여주려는 것은 무엇일까. 사소한 습관 하나가 그들에겐 일생을 좌우할 폭력이었다. 이 폭력은 '피치 못함'이 아닌 '자의적 행동'이기에 얼마든지 선택할 기회가 있었다. 주목할 점은 스스로 행동을 결정한 자신이 책임져야 할 몫인 것이다. 「그때 번개가 지나갔다」는 태연히 비를 맞고 있는 창밖의 나무를 한 공간에 병치시켜 그 '순간을 모면하려는' 인간의 이중성을 드러내고 있다. 정작 중요한 것은 무엇인지 되돌아보게 되는 성찰적 작품이다.

네 살 때까지 나는 똥오줌을 가리지 못했다고 한다

별일 아닌 듯 그것을 치웠을 어머니

당신의 기억에 안개가 덮이고
나 몇 살이니?
백 살이니? 여든아홉이니?
아들에게 묻는다

어머니,
그때의 내 나이가 되셨다
잠시 전 기억도 슬쩍 지워버리는
저 지독한 지우개

깜빡 정신 들 때,
마지막 품위를 지키려 빨던 바지를 놓아두고
무엇을 찾으려 했는지 방으로 갔다

거름 주던 배추밭처럼 화장실이 난장이다

가족이 잠든 밤
그 옛날 어머니처럼 지린내를 삼키며
문을 꼭 닫고 소리 죽여 바지를 빤다
어머니가 나의 네 살을 빨던 것처럼

—「거꾸로 가는 시계」 전문

어렸을 적 어머니는 중심을 잡아주는 무게 추였다. 가끔 똥오줌을 가리지 못한 흐트러진 네 살도 어머니의 손길로 가지런해졌다. 시간은 거꾸로 흐르고 이제 어머니는 기저귀를 차는 어린애가 되었다. 태초에 인간의 수명을 정한 신은 카운트다운을 세고 있다. 후진하는 기억은 젊어지고 앞서가는 몸은 노쇠를 향해 달린다. 이 지독한 언밸런스로 신이 설치한 모듈(module)에 금이 간다. 기억도 빠져나가고 점점 벌어지는 틈, 헐거워진 몸뚱어리는 수시로 똥오줌을 흘리고 품위는 얼룩이 진다. 재생되지 않는 기억으로 나이마저 분실한 치매 노모의 시계는 거꾸로 돌고 있다. 이희국 시인은 어머니에게 들었던 네 살 때 모습을 떠올리며 기억의 공간에서 무언가를 발견한다. 그것은 연민과 사랑이다. "가족이 잠든 밤/그 옛날 어머니처럼 지린내를 삼키며/문을 꼭 닫고 소리 죽여 바지를 빤다/어머니가 나의 네 살을 빨던 것처럼" 시인은 어머니의 실수를 조용히 덮어주고 싶어 가족이 다 잠든 밤 화장실에서 소리 죽여 바지를 빨고 있다. 가족을 위해 헌신하고 껍데기만 남은 노모, 아들은 그동안 어머니에게 받았던 극진한 사랑을 되돌려주고 있는 것이다. 이희국 시인은 갈수록 효가 줄어들고 가족간의 관계도 소원해지는 시대에 병든 부모를 공경하고 애착(愛着)하며 자식으로서 지켜야 할 본분을 몸소 보여주고 있다.

「거꾸로 가는 시계」는 따뜻한 인간애로 무엇보다 소중한 '사랑'이라는 메시지를 전하고 있다. 아래 예시된 「이별 준비」에서도 노모에 대한 애틋한 심정을 토로하고 있다.

> 어머니 휴지통에 버려진 빛바랜 사진들
> 어느 봄날과 어느 겨울이 함께 구겨져 있다
>
> 젊은 시간을 돌아보며 목이 멘 걸까
> 찢어지고 구겨진 생의 살점들
> 평생을 지켜온 화려한 순간의 화면들
> 구순 노인에게 정리(整理)란
> 흔적을 지우는 일부터 시작되는 것이었을까
>
> 묶음으로 가지런한 내 사진첩을 오랜만에 펼쳐본다
>
> 한때 함께했던 그날의 순간들은
> 지금도 환하게 나를 맞는데
> 삶의 대지를 쓸고 간 시간의 바람은
> 그들의 흔적을 흐릿하게 지워버렸다
>
> 기약 없는 꿈과 희망을
> 새처럼 지저귀게 해주던 친구들

육지를 향해 달려오던 파도처럼 출렁이던 사람들
애써도 잡지 못한 시간과
잊으려 해도 영원히 맴도는 날이 봉합되어 있다

되새기기 싫은 인연
버리고 싶은 사진들을 고르다가
다시 넣는다

아직 나는 이별이 준비되지 않았다

—「아직 나는 이별이 준비되지 않았다」 전문

봄날은 '눈부신' 날이고 겨울은 '혹독한' 날이다. 어머니의 평생에는 '기쁨과 슬픔'이 혼재해 있다. 이 모든 것이 '살아내는 과정'이었을 것이다. 치매라는 사건을 시작으로 노쇠해버린 기억은 '생의 끄트머리'에 다다르고 품어 안았던 것들을 무심히 내려놓아야 하는 '예정된 이별'이 있다. 정답처럼 찾아올 이별을 위해 준비가 필요하다. 어느 날 찾아올 '죽음'이라는 손님을 맞기 위해 먼저 '흔적을 지우는' 일이다. 이 손님의 걸음은 예측하기 어렵다. 불쑥 찾아와 당황스럽거나 한없이 더디어서 애를 태우기도 한다. 하지만 변하지 않는 사실은 반드시 온다는 것이다. 이별을 준비 중인 어머니의 방에는 살아온 기록이 보관된 사진첩과 남겨야 할 것과 버려야 할 것을 구별하는 쓰레기통이 있다. 앨범에는 찢어지고 구겨진 생의 살점들이 꽂혀 있고 쓰레기통에는 “어느 봄날”과 “어느 겨울”이 함께 버려져 있다. 비우지 않고는 갈 수 없는 길이다. 이별을 준비하는 과정에서 벌어지는 슬픔이, 공간을 가득 채우고 다가올 이별의 경계까지 번지고 있다. 어머니는 경계선 너머에 도사린 ‘죽음의 실체’를 인식하며 지속적인 공격과 중압감으로 이곳과 또 다른 호흡을 느끼고 있을지도 모른다. 마지막 떠나는 자만이 이별을 준비해야 하는 것이 아니다. 남은 자들에게도 마음의 준비가 필요하다. 이별은 ‘상호작용’으로 이루어지기에 어쩌면 유족의 슬픔이 더 클 수도 있다. 자식은 아직 준비되어 있지 않은 일방적인 이별, 그토록 사랑하던 어머니가 조금씩 지워지고 있다. 잠잠히 잠식해버리는 죽음. 이 절대적인 힘을 막을 자는 아무도 없다.

비집고 들어갈 수 있다는 말은
아직도 기회가 있다는 말

단단해 보이는 벽도 천천히 녹아들다 보면
온통 적실 수 있다는 말

봄이 온다는 것은

한 줌의 입김들이 모여
두터운 얼음벽을 녹였다는 것

세상이 온통 어둡고
숨이 막힐 듯 바람이 세차면
숨이 막힐 듯 바람이 세차도
저 가냘픈 잡풀은 바위를 뚫고 피어난다

바위 밑에 깔린 풀 하나
돌멩이를 치우니
허리 휜 잡초가 튀어나왔다

틈새가 사라지니
이제 막 봄이 도착했다

—「틈새」 전문

보도블록 좁은 틈으로 비집고 들어간 꽃다지가 봄의 과녁을 명중하듯, 훈훈한 봄의 입김에 얼어붙은 겨울의 발등이 풀리듯, 이름 모를 잡초가 고궁의 돌담 틈으로 고개를 내밀듯, 축대 틈으로 작은 새 한 마리가 들락거리듯, 틈은 파고들어 스미기 좋다. 틈은 비집고 들어갈 기회를 노출하고 있다. 한 줌의 입김들이 모여 천천히 녹아들다 보면 온통 두터운 얼음벽까지 무너뜨릴 수 있다. 틈은 '탈출구'이고 외부에서 침입할 '입구'가 되기도 하므로 긍정과 부정 이중적인 요소를 지니고 있다.

"바위 밑에 깔린 풀 하나/돌멩이를 치우니/허리 휜 잡초가 튀어나왔다"고 한다. 장애물인 돌멩이가 틈을 막고 있었다. 틈새가 사라지니 막 봄이 도착했다. 틈은 스미기에도 좋고 기어 나오기 좋은 출구다. 바위에 깔린 풀 한 포기가 틈을 발견하고 안간힘으로 고개를 내밀었더니 돌멩이 하나가 또 앞을 막고 있었다. 가까스로 난관을 넘으며 기진맥진했을 때 작은 장애물 하나는 설상가상 바위의 무게이다. 이때 누군가의 작은 배려는 운명을 바꿀 수도 있다.

세심한 배려로 주변을 돌아보는 이희국 시인은 소통이 가능한 쉬운 언어를 사용해 독자에게 다가간다. 윌리엄 워즈워스는 "시의 언어는 기교의 산물이 아니라 강한 정서의 자발적인 유출이어야 한다"는 시어의 기준을 제시하였다. 감정의 자연스러운 표현을 위한 최고의 모델은 상류층의 언어가 아니라 시골 사람들이 사용하는 소박하고 친근한 언어라고 주장한 것이다. 의미 전달이 쉬운 소박하고 아름다운 시어로 감동을 주는 이희국의 시편들은 각박한 현실에서 호흡을 고를 수 있는 '틈'이 되어준다.

불우한 환경과 운명에 저항하며 끝내 약사로 명성을 얻은 이희국 시인은 자신의 기준에 엄격하다. 흘수선을 넘지 않는

'삶의 자세'는 자신에게는 강직하지만 타인에게는 너그럽다. 바람에 흔들려도 부러지지 않는 대나무처럼 힘든 상황에도 열패감에 젖지 않고 어둠을 뛰어넘는다. 슬픔에 둘러싸인 사회 또는 개인을 향해 사랑과 연민을 띠고 있는 것도 그런 연유가 아닐까. 이희국 시인은 언젠가 어느 지점에 떨어트린 '기억의 씨앗'을 찾아내고 흘러간 시간을 재생한다. 가난한 사람들이 모여 살던 '공덕역'에서 시인이 흘린 땀은 헛되지 않았다. 이 작업은 진정한 '삶의 가치'가 무엇인지 해답을 찾기 위한 기록이다. 상처 많은 사람들을 어루만지며 살아가는 시인은 어느덧 삶의 중반에 서 있다. 시를 향한 시인의 여정(旅程)이 앞으로 어떤 행보로 흘러갈지 사뭇 기대가 크다.

이 도서의 국립중앙도서관 출판시도서목록(CIP)은 서지정보유통지원시스템 홈페이지(http://seoji.nl.go.kr)와 국가자료공동목록시스템(http://www.nl.go.kr/kolisnet)에서 이용하실 수 있습니다.(CIP제어번호: CIP2020009770)

문학의전당 시인선 0319

파랑새는 떠났다

초판 1쇄 발행 2020년 3월 20일
초판 3쇄 발행 2020년 5월 18일
지은이 이희국
펴낸이 고영
책임편집 이리영
디자인 헤이존
펴낸곳 문학의전당
출판등록 제448-251002012000043호
주소 충북 단양군 적성면 도곡파랑로 178
전화 043-421-1977
전자우편 sbpoem@naver.com

ISBN 979-11-5896-460-3 03810